C000150607

GUIDA PER L'INDUSTRIA MUSICALE

2 LIBRI IN 1: Risorse per il Music Business & Consigli per Crescere su Spotify. La Guida Completa per Lavorare da Professionista nel Settore Musicale.

Semantic Sounds

© Copyright 2021 di Semantic Sounds - Tutti i diritti riservati.

Il seguente Libro è riprodotto di seguito con l'obiettivo di fornire informazioni quanto più accurate e affidabili possibile. Indipendentemente da ciò, l'acquisto di questo libro può essere visto come un consenso al fatto che sia l'editore che l'autore di questo libro non sono in alcun modo esperti sugli argomenti discussi all'interno e che qualsiasi raccomandazione o suggerimento qui fornito è solo a scopo di intrattenimento. I professionisti dovrebbero essere consultati secondo necessità prima di intraprendere qualsiasi azione approvata nel presente documento.

Inoltre, la trasmissione, la duplicazione o la riproduzione di uno qualsiasi dei seguenti lavori, comprese le informazioni specifiche, sarà considerato un atto illegale indipendentemente dal fatto che sia fatto elettronicamente o in formato cartaceo. Ciò si estende alla creazione di una copia secondaria o terziaria dell'opera o di una copia registrata ed è consentita solo con l'espresso consenso scritto dell'Editore. Tutti i diritti aggiuntivi riservati.

Le informazioni nelle pagine seguenti sono generalmente considerate un resoconto veritiero e accurato dei fatti e come tale, qualsiasi disattenzione, uso o uso improprio delle informazioni in questione da parte del lettore renderà qualsiasi azione risultante esclusivamente sotto la sua competenza. Non ci sono scenari in cui l'editore o l'autore originale di quest'opera possa essere in alcun modo ritenuto responsabile per eventuali difficoltà o danni che potrebbero capitargli dopo aver intrapreso le informazioni qui descritte.

Inoltre, le informazioni nelle pagine seguenti sono intese solo a scopo informativo e dovrebbero quindi essere considerate universali. Come si addice alla sua natura, viene presentato senza alcuna garanzia riguardo alla sua validità prolungata o alla sua qualità provvisoria. I marchi citati sono fatti senza consenso scritto e non possono in alcun modo essere considerati un'approvazione da parte del titolare del marchio.

Sommario

INTRODUZIONE 11

CAPITOLO 1: INIZIA A PRODURRE MUSICA DI ALTA QUALITÀ UTILIZZANDO SAMPLE PACKS, PLUGINS E STRUMENTI DI PRODUZIONE MUSICALE 13

CAPITOLO 2: MIGLIORA IL MIX E LA MASTERIZZAZIONE DELLE TUE BRANI UTILIZZANDO SERVIZI ECCELLENTI...... 18

CAPITOLO 3: FINANZIA IL TUO PROGETTO MUSICALE ATTRAVERSO PIATTAFORME DI CROWDFUNDING 23

CAPITOLO 4: CREA IL TUO LOGO, GRAFICA E VIDEO MUSICALI PER IL TUO BRAND 28

CAPITOLO 5: CREA IL TUO DOMINIO PERSONALIZZATO E IL TUO SITO WEB 32

CAPITOLO 6: DISTRIBUISCI LA TUA MUSICA COME ARTISTA / ETICHETTA INDIPENDENTE 39

CAPITOLO 7: RISORSE PER LA CONTABILITÀ E L'AMMINISTRAZIONE 44

CAPITOLO 8: SMART LINKS 50

CAPITOLO 9: RISORSE PER LA PROMOZIONE MUSICALE..... 53

CAPITOLO 10: RISORSE PER LA PROTEZIONE DEL COPYRIGHT... 60

CAPITOLO 11: ALCUNI STRUMENTI PER GLI ARTISTI IN TOUR 61

CAPITOLO 12: CREA LA TUA RETE E CREA NUOVE COLLABORAZIONI 63

CAPITOLO 13: VENDI IL TUO MERCHANDISING ONLINE...... 66

CAPITOLO 14: ASSICURAZIONE DEL SETTORE MUSICALE ...69

CAPITOLO 15: CONFERENZE ED EVENTI MUSICALI............ 70

CAPITOLO 16: STRATEGIE DI PROMOZIONE DELLA MUSICA 77

CAPITOLO 17: COME AUMENTARE GLI ASCOLTATORI SU UNA NUOVA USCITA.. 83

CAPITOLO 18: CONSIGLI PER L'E-MAIL MARKETING 84

CAPITOLO 19: FARE AMICIZIA CON I FITNESS INFLUENCERS 86

CAPITOLO 20: COME INVIARE LA TUA MUSICA AI BLOG COME UN PROFESSIONISTA... 87

CAPITOLO 21: COME INVIARE LA TUA MUSICA AI CURATORI DELLE PLAYLIST SPOTIFY.. 90

CONCLUSIONE 94

INTRODUZIONE 98

CAPITOLO 1: PERCHÉ È IMPORTANTE ESSERE SU SPOTIFY? 101

CAPITOLO 2: COME DISTRIBUIRE LA TUA MUSICA SU SPOTIFY 110

CAPITOLO 3: COME AUMENTARE STREAM E ASCOLTATORI 114

CAPITOLO 4: I VARI TIPI DI PLAYLIST SPOTIFY.................. 117

CAPITOLO 5: COME ACCEDERE NELLE PLAYLIST SU SPOTIFY 123

CAPITOLO 6: COME ATTIVARE PLAYLIST ALGORITMICHE.130

CAPITOLO 7: COME CREARE LA TUA PLAYLIST E FARLA CRESCERE 133

CAPITOLO 8: 14 MODI PER PROMUOVERE LA TUA MUSICA E FAR CRESCERE LA TUA BASE DI FAN 137

CONCLUSIONE 152

—

RISORSE PER IL MUSIC BUSINESS

Tutte le migliori piattaforme, strumenti e risorse per lavorare nel mondo della musica. Crea la tua immagine, fai crescere il tuo brand, vendi la tua musica e proteggi le tue opere.

(Versione Italiana)

Semantic Sounds

INTRODUZIONE

In questa guida scoprirai tutte le risorse, gli strumenti, i siti e le piattaforme che devi conoscere e che puoi utilizzare immediatamente per lavorare nel mondo della musica.

Sono Ettore in arte Torrex, proprietario e fondatore di Semantic Sounds.

Nei vari capitoli ti fornirò un elenco di strumenti e piattaforme internazionali che ti saranno molto utili in ogni fase del tuo viaggio nel settore musicale per creare la tua immagine, incrementare il tuo brand, vendere la tua musica e prodotti online, proteggere le tue opere e fare soldi.

L'obiettivo è creare un percorso passo dopo passo fornendoti tutte le informazioni e gli strumenti necessari per lavorare nel mondo dell'industria musicale oltre ad alcune buone strategie di promozione musicale come un PRO.

Sei pronto per iniziare ad immergerti nell'industria musicale?

CAPITOLO 1: INIZIA A PRODURRE MUSICA DI ALTA QUALITÀ UTILIZZANDO SAMPLE PACKS, PLUGINS E STRUMENTI DI PRODUZIONE MUSICALE

Di seguito troverai una serie di siti dove puoi scaricare gratuitamente o acquistare pacchetti campione e plug-in per creare musica di alta qualità di ogni tipo.

- SPLICE: Splice è la piattaforma leader per la produzione musicale che offre accesso a milioni dei migliori campioni, loop e preset esenti da royalty; Plugin e DAW in noleggio a riscatto.

Splice Studio consente ai produttori di collaborare facilmente con amici in tutto il mondo, eseguendo anche il backup dei loro progetti musicali utilizzando il nostro spazio di archiviazione gratuito e illimitato.

Sito web: https://splice.com/

- SOUNDOFF: Sound Off è un servizio che consente ai produttori di musica di ricevere facilmente feedback dai propri clienti / amici sulle tracce e sui mix che hanno creato.

Sito web: https://soundoff.io/

- PRIME LOOP: Prime Loops è specializzata nella fornitura di raccolte rigorosamente uniche di campioni audio e altro per i produttori musicali. Tutti i sample packs sono disponibili per il download immediato dal sito Web e sono esenti da royalty al 100%.
A parte loop e campioni audio, avevano una gamma unica di preset per sintetizzatori come Massive, Sylenth1, Serum e molti altri. Anche file MIDI, modelli DAW, kit di progetto per Maschine e molto altro ancora.

Sito web: https://primeloops.com/

- PLUGIN BOUTIQUE: Pluginboutique è il luogo in cui le migliori aziende di software musicale vendono i loro plug-in VST, strumenti e strumenti da studio a produttori, musicisti e DJ di tutto il mondo.

I clienti possono sfogliare i prodotti più venduti e più votati e possono scaricare plug-in VST gratuiti, demo e versioni di prova prima dell'acquisto.

Le valutazioni dei clienti e le recensioni del settore, i video dei prodotti e un utile blog sono tutti disponibili sul sito per consentirti di confrontare i prodotti disponibili in base alle tue esigenze e requisiti individuali.

Esiste anche uno schema di coins virtuali, il che significa che guadagni il 5% per acquisti futuri quando acquisti Plugin presso la loro Boutique.

Sito web: https://www.pluginboutique.com/

- NOIIZ: Noiiz, è una nuova rivoluzionaria piattaforma di plug-in e download sincronizzata con il cloud per produttori musicali, compositori e creativi audio.

Sito web: https://www.noiiz.com/

- GOBBLER: Gobbler è una società di software focalizzata su strumenti che migliorano l'esperienza di produzione musica.

Sito web: https://www.gobbler.com/

- SEMANTIC PRODUCTIONS: Semantic Productions fa parte del nostro network musicale Semantic Sounds, attraverso il quale offriamo anche sample packs e plugin per lo più gratuiti per i produttori musicali, ma anche produzioni e beat per cantanti e rapper.

Sito   web:
https://www.semanticsounds.com/productions-beats-samples/

Quindi, ora che conosci queste piattaforme, dovrai solo scegliere quale genere musicale preferisci produrre e iniziare scaricando molti di questi pacchetti campione gratuitamente per produrre le tue prime canzoni di alta qualità.

Ovviamente devi anche saper usare programmi come Logic, Ableton o Fl Studio, ma se proprio non sai da dove cominciare per sviluppare una nuova melodia o un nuovo ritornello puoi sfruttare ottimi loop e sample scaricandoli direttamente da questi siti web.

Se hai bisogno di strumenti e plugin superiori ci sono anche varie versioni a pagamento che puoi controllare visitando i loro siti web.

CAPITOLO 2: MIGLIORA IL MIX E LA MASTERIZZAZIONE DELLE TUE BRANI UTILIZZANDO SERVIZI ECCELLENTI

Se sei un principiante e dopo aver completato una nuova traccia non sei soddisfatto del risultato finale, puoi rivolgerti ad alcuni tecnici del suono professionisti o produttori musicali per servizi di mixaggio e mastering.

Oggi la qualità dei brani musicali in circolazione è altissima, c'è una grande concorrenza sul mercato e bisogna distinguersi e avere prodotti di alta qualità per farsi notare dalle migliori etichette, per essere supportati nelle migliori playlist mondiali e per diffondi la tua musica.

Puoi investire tantissimi soldi nella promozione ma non puoi ottenere grandi risultati se non ti prendi prima cura della qualità del suono della musica.

Quindi prenditi molta cura del mix e del mastering prima di inviare qualsiasi cosa a etichette, blog o playlist.

In questi anni ho promosso molti brani musicali e capisco che quelli che hanno una spinta organica migliore in termini di visualizzazioni, ascolti e condivisioni sono quelli che hanno una buona qualità audio, grazie all'ottimo lavoro di mix e mastering in fase di produzione.

Il mastering è il modo in cui il tuo progetto musicale diventa un prodotto musicale per il mondo intero.

Ciò richiede considerazione e il giusto ingegnere di mastering con cui lavorare.

Qui puoi trovare una serie di piattaforme che offrono servizi professionali di mixaggio e mastering.

- THE FAT MASTERING: https://thefatmastering.com/

- MASTRNG.COM - MASTERING & MIXING AUDIO: Mastrng.com è un servizio specializzato di mixaggio, mastering, per artisti di musica elettronica. https://www.mastrng.com/

- LOUD MASTERING: Mastering audio ad alta definizione professionale, Vinyl Mastering, CD Mastering e Download Mastering, il tutto in uno studio ad alta risoluzione di livello mondiale che combina apparecchiature audio all'avanguardia con una chiarezza sonora senza rivali. https://loudmastering.com/

- LANDR: https://www.landr.com/it/

- FAT AS FUNK MASTERING: https://fatasfunk.com/

Un'altra eccellente risorsa che puoi utilizzare è FIVERR (fiverr.com), una piattaforma americana dove puoi trovare molti freelance da tutto il mondo che offrono servizi di buona qualità in molti campi, mix, mastering, produzione musicale ma anche promozione e marketing musicale servizi, grafica, video e molti altri servizi.

CAPITOLO 3: FINANZIA IL TUO PROGETTO MUSICALE ATTRAVERSO PIATTAFORME DI CROWDFUNDING

Il crowdfunding online è il sistema attraverso il quale gli artisti possono finanziare la produzione e la distribuzione delle proprie opere grazie al contributo finanziario diretto dei propri fan e estimatori.

Il fan diventa una sorta di sponsor ma posto ad un livello superiore, quello di membro del processo musicale.

Se un artista si trova in difficoltà economiche e finanziarie allora attraverso piattaforme di crowdfounding come Patreon, Indie Go Go e Rocket Fuel ha la possibilità di creare una campagna richiedendo un piccolo contributo ai fan per supportarti economicamente regalando premi ad esempio autografati copie di singoli, EP o album - versioni inedite di brani musicali - sconti per i prossimi concerti live - materiale inedito.

Convincere fan e sostenitori a supportarti dipende molto dalla pianificazione di una campagna promozionale efficace.

Potresti forse realizzare video promozionali da pubblicare su YouTube, o utilizzare l'email marketing inviando email specifiche alla tua newsletter, coinvolgere i fan su social network come Instagram e Facebook o pubblicare articoli sul tuo blog.

Di seguito puoi trovare alcuni siti di crowdfunding internazionali:

- PATREON: Per i creatori: Patreon è un modo per essere pagato per creare le cose che stai già creando (fumetti web, video, canzoni, qualsiasi cosa).

I fan ti daranno pochi dollari al mese o per ogni cosa che rilasci, e poi vieni pagato ogni mese o ogni volta che pubblichi qualcosa di nuovo (che sia su SoundCloud, YouTube, il tuo sito web o ovunque).

Per i fan: Patreon è un modo per pagare i tuoi creatori preferiti per aver realizzato le cose che ami. Invece di buttare letteralmente soldi contro il tuo schermo (fidati di noi, non funziona), ora puoi impegnare qualche soldo per ogni cosa che guadagna un creator. Ad esempio, se prometti che darai $ 2 per video e il creatore pubblica 3 video a febbraio, sulla tua carta verrà addebitato un totale di $ 6 per quel mese.

Ciò significa che il creatore viene pagato regolarmente (ogni volta che pubblica qualcosa di nuovo) e tu diventi un autentico mecenate della vita reale.

Sito web: https://www.patreon.com/

- ROYALTY EXCHANGE: https://www.royaltyexchange.com/

- STAGELINK: Stagelink consente ad artisti e manager di coinvolgere i fan e promuovere in modo efficiente gli spettacoli. Su stagelink.com, gli artisti possono monitorare la domanda in tempo reale dei fan per pianificare, prefinanziare e ridurre i rischi, raggiungendo un pubblico altamente coinvolto.

Sito web: https://www.stagelink.com/

- ROCKET FUEL: i tuoi amici, fan e follower possono finanziare la fase successiva del tuo viaggio!
È un ottimo affare anche per i tuoi fan: ricevono premi entusiasmanti e si impegnano mentre
- supportano la tua missione,
- accedono a prodotti esclusivi,
- condividi la tua avventura.

Sito web: https://rocketfuelhq.com/

- INDIE GOGO: https://www.indiegogo.com/

- BANDCAMP: Bandcamp rende facile per i fan connettersi direttamente e supportare gli artisti che amano. Trattiamo la musica come arte, non come contenuto, e leghiamo il successo della nostra attività al successo degli artisti che serviamo.

Sito web: https://bandcamp.com/

Scegli la piattaforma che preferisci, imposta la tua strategia vincente e inizia a lavorare con e per i tuoi fan!

CAPITOLO 4: CREA IL TUO LOGO, GRAFICA E VIDEO MUSICALI PER IL TUO BRAND

Se sei un cantante, rapper, produttore, musicista, performer o artista in generale, devi considerarti come un'azienda che deve vendere se stessa e i suoi prodotti.

Quindi è necessario avere un'immagine, uno stile e un logo ben definiti che rimangano ben impressi nella mente dei potenziali fan.

Se non hai la possibilità di pagare per i servizi di grafica e logo, puoi utilizzare gratuitamente le semplici ed intuitive piattaforme CANVA.

- CANVA: Canva rende la progettazione grafica incredibilmente semplice per tutti, riunendo uno strumento di progettazione drag-and-drop con una libreria di oltre 1 milione di fotografie, elementi grafici e caratteri.

Sito web: https://www.canva.com/

Se vuoi un lavoro professionale, di alta qualità e personalizzato, per loghi, grafica, artwork e editing video puoi contattare alcuni freelance.

Se invece preferisci affidarti ad altre piattaforme per questi tipi di servizi ecco un elenco completo:

- X | SOUNDPLATE COVER ART GENERATOR: uno strumento completamente gratuito creato da Soundplate per creare opere d'arte di bell'aspetto per la tua playlist o canzone.

Sito web: https://cover.soundplate.com/

- VIDEO VISUALIZZATORE MUSICALE SOUNDPLATE: https://soundplate.com/music-visualizers/

- UNSPLASH: https://unsplash.com/

- THE NAWTY STEP: The Nawty Step è un'agenzia di accelerazione del marchio, nata dalla passione per l'industria della musica dance.

Sito web: http://thenawtystep.com/

- PEXELS: Pexels aggrega le migliori foto gratuite in un unico posto. Trova fantastiche foto gratuite che puoi usare ovunque. Trova foto ad alta risoluzione per il tuo prossimo progetto. Tutte le foto sono gratuite per uso personale e commerciale e l'attribuzione non è richiesta.

Sito web: https://www.pexels.com/

- LOGONERDS: LogoNerds.com è una vera azienda globale. Con i nostri design personalizzati di alta qualità, un servizio impeccabile e prezzi imbattibili, LogoNerds.com è diventato rapidamente la scelta numero uno delle piccole imprese ovunque!

Sito web: https://www.logonerds.com/

- FIVERR: Fiverr sta plasmando il futuro del lavoro, ogni giorno, spostando l'economia del freelance online. Fondata nel 2010, con uffici a New York City, Chicago, Miami, San Francisco e Tel Aviv, Fiverr è il mercato più negoziato al mondo per i servizi digitali.

Sito web: https://www.fiverr.com/

- 99 DESIGN: dalle piccole imprese alle multinazionali fino ai reparti marketing impegnati, tutti hanno bisogno di un design eccezionale. 99designs è il modo più intelligente al mondo per ottenerlo.

Sito web: https://99designs.it/

- VIDEO MUSICALI RADAR: https://www.radarmusicvideos.com/

CAPITOLO 5: CREA IL TUO DOMINIO PERSONALIZZATO E IL TUO SITO WEB

Se vuoi avviare un blog musicale o un sito web di artisti, la buona notizia per te è che configurarlo è la parte più facile ...

FASE 1. TROVA UN NOME DI DOMINIO E POSSEDILO.

Possedere il tuo nome di dominio con marchio è estremamente importante, soprattutto se intendi far crescere il tuo blog personale in un marchio o un'attività più grande in futuro.

FASE 2. SCEGLI E ACQUISTA UN PACCHETTO HOSTING

C'è un mito secondo cui un buon web hosting è costoso, questo non è vero. L'hosting web di alta qualità, abbastanza buono da eseguire qualsiasi sito Web di musica di avvio può costare meno di £ 5 / mese.

Ci sono due provider di web hosting che consigliamo: BlueHost (USA) e TSO Host (UK) offrono entrambi un web hosting economico e affidabile, una facile configurazione di WordPress con un clic e un'assistenza clienti di alta qualità.

Successivamente, dovrai selezionare un piano tariffario. Ti consigliamo di iniziare con il pacchetto base: è più economico e perfetto per iniziare. Puoi sempre eseguire l'aggiornamento in un secondo momento, se ne hai davvero bisogno. Una volta fatto, è il momento di scegliere un nome di dominio per il tuo sito (come indicato nel passaggio uno). Se possiedi già un nome di dominio, puoi inserirlo qui e dovrai solo eseguire alcuni passaggi aggiuntivi per assicurarti di avere il tuo DNS puntato su Bluehost.

Se non hai già un nome di dominio, puoi ottenerne uno gratuitamente con l'acquisto del tuo nuovo account di hosting WordPress.

FASE 3. INSTALLA WORDPRESS

L'installazione di WordPress sul tuo nuovo account di hosting può sembrare un'attività davvero complicata, ma con entrambi i provider di hosting consigliamo di eliminare la seccatura dimostrando una semplice installazione con un clic.

FASE 4. RENDILO BELLO DA VEDERE

Dopo aver installato WordPress, il tuo blog è quasi pronto per essere utilizzato. Se vuoi farlo sembrare stravagante e non come il tema WordPress standard, acquista un tema da ThemeForrest. Su Themeforrest troverai migliaia di temi WordPress facili da installare e modificare per dare al tuo blog l'aspetto che desideri.

FASE 5. SCRIVI E LANCIA!

Questa è la parte più importante. Un blog senza contenuto non serve a nessuno!
Inizia a trovare dei contenuti fantastici di cui scrivere. Dopo aver scritto alcuni post, inizia a condividerli sui tuoi social media e fai in modo che i tuoi amici e la tua famiglia facciano lo stesso.
Avere un sito web oggi è fondamentale soprattutto per le agenzie, per le etichette ma anche per gli artisti indipendenti che vogliono creare il proprio spazio sul web.

Questo può essere molto importante per essere contattato più facilmente, per fornire immediatamente tutte le informazioni su di te e per iniziare a costruire la tua comunità.

Per costruire un sito completo avrai bisogno di un tuo dominio, uno spazio hosting, una piattaforma con cui creare (ad esempio wordpress.com) il sito e poi servizi SEO per farlo trovare nei motori di ricerca.

Come sempre esistono tanti servizi online che permettono di creare un sito in modo semplice e veloce.

Alcuni di questi offrono anche versioni di prova gratuite, senza il dominio personalizzato, altri a pagamento con il dominio personalizzato.

Vediamone alcuni:

- TSOHOST: nomi di dominio, hosting e servizi di seo per compagnie musicali e artisti.
Sito web: https://www.tsohost.com/

- NAMES.CO.UK: sono specializzati in hosting Web, domini, siti di e-commerce, strumenti per la creazione di siti Web e altro e offrono formazione aziendale GRATUITA online.

Sito web: https://www.names.co.uk/

- IWANTMYNAME: iwantmyname è un registrar di domini.

Sito web: https://iwantmyname.com/

- ARUBA: Aruba.it è leader di mercato in Italia per domini, hosting, cloud, server dedicati, e-security e pratiche online. Al fianco degli italiani da 20 anni!

Sito web: https://www.aruba.it/

- BLUEHOST: con un'esperienza che risale al 1996, Bluehost è uno dei leader mondiali nella fornitura di soluzioni di web hosting.
Oltre un milione di proprietari di siti web si affidano a loro per garantire che i loro siti web funzionino in

modo efficiente sicuri e monitorati professionalmente.

Sito web: https://www.bluehost.com/

CAPITOLO 6: DISTRIBUISCI LA TUA MUSICA COME ARTISTA / ETICHETTA INDIPENDENTE

Se vuoi creare la tua etichetta discografica o sei un artista indipendente e preferisci distribuire la tua musica in modo indipendente su tutte le piattaforme musicali e gli store digitali puoi utilizzare una di queste società di distribuzione musicale:

- TUNECORE: TuneCore Music Distribution mette la tua musica in oltre 150+ dei negozi digitali più famosi in tutto il mondo, come iTunes, Amazon Music, Google Play, Spotify e altri. In qualità di iTunes Music Aggregator preferito, rendiamo la vendita della tua musica su iTunes semplice e immediata.

Sito web: https://www.tunecore.com/

- THE ORCHARD: The Orchard è una società pionieristica di distribuzione di musica e film che opera in più di 25 mercati globali.

Con un approccio olistico alle vendite e al marketing combinato con tecnologie e operazioni leader del settore, The Orchard amplifica la portata e le entrate in centinaia di punti vendita digitali, fisici e mobili in tutto il mondo. The Orchard semplifica la complessità aziendale dei proprietari di contenuti con un dashboard client intuitivo, una gestione completa dei diritti e un'assistenza personalizzata per i clienti. Fondato nel 1997, The Orchard offre potere alle aziende e ai creatori nel settore dell'intrattenimento.

Sito web: https://www.theorchard.com/

- STEM: Stem tiene traccia e organizza tutti i flussi di entrate di un artista, fornendo un quadro chiaro dei guadagni in ogni momento. Non è più necessario destreggiarsi tra dichiarazioni di royalty di diversi servizi e non sapere quando arriverà il prossimo pagamento.

Sito web: https://stem.is/

- IMUSICIAN DIGITAL: iMusician è un distributore di musica digitale per artisti ed etichette indipendenti, con sede a Zurigo, Berlino e Melbourne.

Sito web: https://imusiciandigital.com/

- DITTO MUSIC: distribuzione musicale globale su iTunes, VEVO, Spotify e altro. Crea un'etichetta discografica, diventa idoneo alle classifiche e promuovi la tua musica con il nostro pacchetto PR + Social

Sito web: https://www.dittomusic.com/

- CD BABY: CD Baby è nata in un garage nel 1998 ed è cresciuta fino a diventare il più grande distributore di musica indipendente. "Abbiamo pagato più di 300 milioni di dollari agli artisti e, contando, ci sono oltre 400.000 album indipendenti in stock. I nostri clienti sono composti da oltre 330.000 artisti indipendenti e abbiamo oltre 5 milioni di brani nel nostro catalogo di distribuzione digitale".

Sito web: https://cdbaby.com/

- BELEIVE DIGITAL: Believe Digital è il principale distributore digitale completamente indipendente e fornitore di servizi di etichette per artisti ed etichette in tutto il mondo. Forniscono etichette dedicate e gestione di campagne internazionali, servizi di commercio e marketing digitale, gestione e distribuzione video complete, sincronizzazione, diritti connessi e gestiscono l'etichetta discografica interna Believe Recordings.

Sito web: https://www.believemusic.com/

- AMUSE: gli artisti di tutto il mondo possono utilizzare divertimenti per distribuire la loro musica a centinaia di negozi di musica digitale in tutto il mondo, consentendo ai fan di scoprire e acquistare la loro musica. Ovunque tu sia, l'app mobile amuse ti consente di caricare i tuoi brani e album in pochi minuti utilizzando nient'altro che il tuo telefono e la tua connessione dati.

Sito web: https://www.amuse.io/

- REPOST NETWORK BY SOUNDCLOUD: Repost by SoundCloud consente ad artisti ed etichette di far crescere il loro pubblico e guadagnare con la loro musica su SoundCloud e oltre.

Sito web: https://www.repostnetwork.com/

Questi sono solo alcuni, ma ce ne sono davvero tanti in giro per il mondo quindi per trovarli basta fare una ricerca approfondita sul web.

CAPITOLO 7: RISORSE PER LA CONTABILITÀ E L'AMMINISTRAZIONE

- TUNEREGISTRY: TuneRegistry è una piattaforma all-in-one per la gestione dei metadati di musica e diritti per la comunità musicale indipendente. https://www.tuneregistry.com/

- THE MUSIC ROYALTY CO: The Music Royalty Co. è un nuovo collettivo di esperti del settore, riuniti per fornire un eccezionale servizio di backend per etichette discografiche, distributori ed editori musicali. L'azienda offre un'ampia varietà di servizi, dalla produzione di estratti conto dettagliati delle royalty per i tuoi artisti e la gestione di tutte le esigenze contabili, alla gestione brillante del tuo catalogo per i diritti adiacenti; siamo il partner che stavi cercando per affrontare il brutto lavoro. http://themusicroyaltyco.uk/

- STEM: Stem tiene traccia e organizza tutti i flussi di entrate di un artista, fornendo un quadro chiaro dei guadagni in ogni momento. Non è più necessario destreggiarsi tra dichiarazioni di royalty di diversi servizi e non sapere quando arriverà il prossimo pagamento. Rendiamo anche facile dividere i guadagni con i collaboratori, così gli artisti possono continuare a creare, filmare, suonare e scrivere. Ci occuperemo del resto. https://stem.is/

- APP SPLITS: Splits è un must per tutti coloro che collaborano alla musica!
Crea facilmente fogli divisi in pochi secondi per rivendicare e proteggere la tua proprietà di pubblicazione.
http://splits.createmusicgroup.com/

- ROYALTYCLAIM: Royalty Claim è un'iniziativa di ricerca sull'ecosistema di licenze musicali globale e una piattaforma web GRATUITA di royalty non rivendicate e record di licenze musicali ricercabili. Abbiamo lanciato il 1 ° settembre 2017 e abbiamo già aiutato i creatori di musica e i titolari dei diritti ad avviare rivendicazioni contro dozzine di questi diritti. https://www.royaltyclaim.com/

- RE-COUNTING MUSIC SERVICES LTD: elaborazione e analisi delle royalty, contabilità e budget dei tour, controllo delle royalty e gestione aziendale. Lavorare con artisti ed etichette di tutte le dimensioni e PRS for Music. paul@re-counting.com https://www.backbeatsolutions.co.uk/

- MUSIC STREAMING AWARDS: ordina premi in streaming di musica personalizzati con cornice di alta qualità per mostrare le tue pietre miliari dello streaming musicale. https://musicstreamingawards.com/

- LABEL WORX: Label Worx offre un'ampia selezione di servizi progettati specificamente per etichette discografiche indipendenti. Compresi Distribuzione, Promo, Royalty, Demo, Mastering e

Web   Services.   info@label-worx.com   -
https://www.label-worx.com/

- LABEL ENGINE: Label Engine è stata fondata nel
2008 dal DJ, produttore e proprietario dell'etichetta
Lazy Rich, come un modo per ridurre il numero di
compiti che richiedono tempo coinvolti nella gestione
di un'etichetta discografica di successo. Label Engine
fa questo fornendo un set unico di strumenti,
essenziali per l'esecuzione di un'etichetta, in un unico
sistema facile da usare. Questi strumenti coprono
molti aspetti diversi della gestione delle etichette, ma
sono suddivisi in sei categorie principali:

- Demo Management
- Trovare nuova musica
- Distribuzione
- Rendere la tua musica disponibile per la vendita
tramite vari punti vendita di musica digitale online
- Promozione
- Aumentare la consapevolezza del pubblico e
dell'industria sulla tua musica

- Contabilità: analisi delle dichiarazioni dei diritti d'autore e di altre fonti di reddito per fornire rapporti sulle vendite ai tuoi artisti
- Servizi editoriali
- Amministratore di YouTube: massimizza la visibilità e la redditività della tua musica tramite Youtube https://label-engine.com/

FRESHBOOK: amato da oltre 5 milioni di persone, FreshBooks ti consente di creare fatture dall'aspetto professionale in pochi secondi, registrare automaticamente le spese con facilità e tenere traccia del tuo tempo in modo rapido ed efficiente in modo da poterti concentrare su ciò che conta di più: soddisfare le esigenze dei tuoi clienti. https://www.freshbooks.com/

- BUZZDECK: Buzzdeck è una potente piattaforma di servizi che ti aiuta a monitorare e analizzare qualsiasi tipo di attività online e vendite digitali e fisiche attorno a un artista / etichetta. Combinando le metriche prodotte da più di 100 diversi feed di dati da più di 30 fonti, non c'è nessun altro servizio che fornisce un'analisi più completa della presenza sociale e online dei tuoi artisti di registrazione.

CAPITOLO 8: SMART LINKS

Quando la tua musica sarà pubblicata su tutte le piattaforme musicali, prima di promuoverla dovresti creare Smart Link per collegare tutti gli store in un unico link, ecco alcune piattaforme che ti permettono di farlo:

- FOLLOWEB.DE: sono uno dei proprietari di Followeb.de e questa è una piattaforma che ti permette di creare link intelligenti ma è anche un portale per il download, se lo usi ogni volta che qualcuno scarica il tuo musica gratis seguiranno i tuoi canali SoundCloud, Spotify oi vari social network a cui ti collegherai.

Sito web: http://followeb.de/
- CLIC SU SOUNDPLATE: https://click.soundplate.com/

- SMART URL: smartURL è progettato per semplificare il processo di marketing online.

Sito web: https://manage.smarturl.it/

- LINKREDIRECTOR: https://linkredirector.com/

- LINKFIRE: un link per servirli tutti; questo è l'obiettivo di Linkfire: raggiungere tutti gli appassionati di musica, indipendentemente dalle loro preferenze di consumo di musica, in un colpo solo.

Sito web: https://www.linkfire.com/#/

- HIVE: collegamenti intelligenti per musica, promozione Soundcloud e porte di download

Sito web: https://www.hive.co/

CAPITOLO 9: RISORSE PER LA PROMOZIONE MUSICALE

Dopo aver distribuito musica su tutte le piattaforme digitali, la quello che farà la differenza sarà sicuramente è quella di promuovere la tua canzone nel migliore dei modi per farla arrivare al giusto pubblico.

Per fare questo puoi usufruire di ottime piattaforme che ti elencherò di seguito:

RISORSE PER INVIARE MUSICA AI BLOG

- WMA https://wma.agency/

- SUBMITHUB https://www.submithub.com/

- PR WEB http://www.prweb.com/

- RETE DI NOTIZIE DEL SETTORE MUSICALE MI2N http://www.mi2n.com/services/

- FLUENCE https://fluence.io/

- CONCRETE PR http://www.concretepr.co.uk/
STRUMENTI DI EMAIL MARKETING PER
INVIARE PROMO MUSICALI

- VOILANORBERT.COM
https://www.voilanorbert.com/

- TOPSPIN http://www.topspinmedia.com/

- SIGN-UP.TO https://www.signupto.com/

- MAILCHIMP https://mailchimp.com/

- PROMO THING https://www.itsapromothing.com/

- SENDY https://sendy.co/

- PROMO PUSH https://promopush.com/login/
- INFLYTE https://inflyteapp.com/

- FATDROP https://www.fatdrop.co.uk/

- DEEJAYFEEDBACK http://www.deejayfeedback.com/

- CONTATTO COSTANTE https://www.constantcontact.com/global/home-page#

- AMP SUITE https://www.ampsuite.com/

- FANBRIDGE https://www.fanbridge.com/

- PROMO CLOUD LTD: https://www.promo-cloud.com/

- LABEL WORX: https://www.label-worx.com/

- DISCO: https://disco.ac/

PROMO SOUNDCLOUD E DOWNLOAD GATES

- SEMANTIC SOUNDS: https://www.semanticsounds.com/

(IL NOSTRO GATE DI DOWNLOAD: FOLLOWEB.DE http://followeb.de/)

- HYPEDDIT: https://hypeddit.com/#_l_6w

- TONEDEN: https://www.toneden.io/

STRUMENTI E RISORSE PER LA PROMOZIONE SPOTIFY

- SOUNDPLATE.COM - INVIA MUSICA A: https://play.soundplate.com/

- SPOTIFY PER ARTISTI: https://artists.spotify.com/

- WAVO: https://wavo.me/

- SUBMITHUB: https://www.submithub.com/

- SPOT IN PISTA: https://www.spotontrack.com/

- SOUNDSGOOD: https://soundsgood.co/

- SOUNDIIZ: https://soundiiz.com/?hl=en

- SOUNDCHARTS: https://soundcharts.com/

- PRE-SALVARE IN SPOTIFY (DA METABLOCLS) http://www.metablocks.com/

- CONVERTITORE PLAYLIST https://www.playlist-converter.net/

- CHARTMETRIC https://www.chartmetric.com/

SINCRONIZZAZIONE E RISORSE PER LE LICENZE

-TRACKS AND FIELDS https://www.tracksandfields.com/

- THE SYNC REPORT: https://www.thesyncreport.com/

- SYNCHTANK: https://www.synchtank.com/

- SONGTRADR https://www.songtradr.com/

- MUSICCLOUT https://www.musicclout.com/contents/

BLOG DEL SETTORE MUSICALE E RISORSE ONLINE

- BLOG DEL SETTORE MUSICALE E RISORSE ONLINE

https://fastmusicnews.com/

- PRODUCERSPOT https://www.producerspot.com/

- MUSICRADAR https://www.musicradar.com/

- MUSICMEDI http://www.musicmedi.com/

-MUSIC-NEWS.COM https://www.music-news.com/

- MUSICWEEK
https://www.musicweek.com/

-MUSIC   BUSINESS   WORLDWIDE
https://www.musicbusinessworldwide.com/

- MUSIC ALLY https://musically.com/

-BLOG   MEDIA   RESEARCH
https://www.midiaresearch.com/blog/

CAPITOLO 10: RISORSE PER LA PROTEZIONE DEL COPYRIGHT

Per proteggere le tue creazioni puoi utilizzare alcuni dei siti seguenti:

-TUNESAT:
https://tunesat.com/tunesatportal/home

- MUSO: https://www.muso.com/

- LINK-BUSTERS: https://link-busters.com/

- BANDNAMR: http://bandnamr.com/

- AUDIOLOCK: https://audiolock.net/

CAPITOLO 11: ALCUNI STRUMENTI PER GLI ARTISTI IN TOUR

Dopo aver diffuso la tua musica dovrai organizzare il calendario delle tue esibizioni e dei live tour, dai un'occhiata a questi siti possono esserti molto utili per facilitare l'organizzazione dei tuoi eventi live.

- TOURMANAGEMENT
https://www.tourmanagement.com/

- SONICBIRDS Sonicbids è una piattaforma online che riunisce musicisti e persone che cercano di prenotare o acquistare musica in licenza. https://www.sonicbids.com/

- SONGKICK https://www.songkick.com/

- MUZEEK https://www.muzeek.com/

\-   INDIE   ON   THE   MOVE
https://www.indieonthemove.com/home

\- GIGSALAD https://www.gigsalad.com/

\-   DROPCARDS   Nell'ultimo   mezzo   decennio,
Dropcards ™ è stato un fornitore leader di soluzioni
di schede di download integrate per l'industria
dell'intrattenimento.
https://www.dropcards.com/home/

\- BANDSINTOWN
https://news.bandsintown.com/home/

CAPITOLO 12: CREA LA TUA RETE E CREA NUOVE COLLABORAZIONI

Conoscere nuove persone in questo settore è davvero ciò che ti permetterà di continuare a fare questo lavoro per tutta la vita, se sei amichevole e costruisci amicizie e collaborazioni con altri lavoratori del settore musicale, presto ti ritroverai sempre più in alto senza nemmeno notarlo!

Quindi crea la tua rete e inizia a collaborare con altri, ecco alcuni siti che puoi utilizzare:

- SPLICE Splice Studio consente ai produttori di collaborare facilmente con amici in tutto il mondo, eseguendo anche il backup dei loro progetti musicali utilizzando il nostro spazio di archiviazione gratuito e illimitato. https://splice.com/

- SOUNDOFF Sound Off è un servizio che consente ai produttori di musica di ricevere facilmente feedback dai propri clienti / amici sulle tracce e sui mix che hanno creato.

https://soundoff.io/

- RIGSHARE https://rigshare.com/

- MUZOOKA Muzooka collabora con i migliori promotori, locali musicali, stazioni radio, produttori ed etichette e li abbina a musicisti emergenti.

https://www.muzooka.com/

- MUSICCLOUT Music Clout è stato lanciato con l'obiettivo di aiutare i musicisti indipendenti di tutto il mondo a trovare le opportunità più attuali legate alla musica.

Più di 50.000 musicisti, band e compositori considerano Music Clout una risorsa preziosa per la loro carriera musicale.

Dal 2012, Music Clout ha aiutato migliaia di aziende affermate ed emergenti a trovare band, artisti e musica per i progetti a cui stanno lavorando.

Con uno dei più grandi database gratuiti di articoli e contatti dell'industria musicale nell'intera industria musicale, Music Clout è diventata una destinazione imperdibile per qualsiasi musicista che desidera portare la propria carriera al livello successivo. https://www.musicclout.com/contents/

- KOMPOZ:

https://www.kompoz.com/music/home

CAPITOLO 13: VENDI IL TUO MERCHANDISING ONLINE

I fan sono alla ricerca di modi per rimanere in contatto con gli artisti.

Una campagna di social media marketing che attira l'attenzione potrebbe stimolare le vendite di merce e questa potrebbe essere una fonte di guadagno molto utile quando hai bisogno di guadagno economico.

Esistono siti come printful.com, teespring.com o spreadshirt.it che, utilizzando la tecnologia print on demand sono in grado di stampare al momento il tuo disegno (ad esempio logo, titolo tuo

canzone ecc ...) su una vasta gamma di prodotti come camicie, zaini, abbigliamento sportivo, felpe e accessori come cover per smartphone, e spedirli immediatamente in tutto il mondo.

Attraverso questi siti puoi creare direttamente la tua merce a costo zero, infatti si occuperanno della stampa, della logistica e delle spedizioni solo trattenendo una percentuale che varia a seconda del mercato.

In questo modo, gli artisti dovranno solo occuparsi della creazione di fantastici design e fare una buona campagna di marketing sul web.

Ecco alcuni siti web per creare il tuo merchandising online:

- PRINTFUL: https://www.printful.com/
- SPREADSHIRT / SPREADSHOP: https://www.spreadshop.com/
- TEESPRING: https://teespring.com/
- SHIRT MONKEY: https://shirtmonkey.co.uk/
- MONSTER PRESS
https://www.monsterpress.co.uk/#home2
- MERCHLY https://www.merch.ly/
- MERCHBAR https://www.merchbar.com/artists
- MERCH ASYLUM
https://www.merchasylum.co.uk/
- KONTRABAND MERCHANDISE
http://www.kontrabandmerch.com/
- INVENT CLOTHING https://inventclothing.com/

- FLASHBAY https://www.flashbay.co.uk/

- FIREBRAND LIVE http://www.firebrandlive.com/

- FIRE LABEL MERCHANDISING
https://www.firelabel.co.uk/

- EVERPRESS https://everpress.com/

- AWESOME MERCHANDISE:
https://www.awesomemerchandise.com/

- AMP MERCHANDISE http://amp-merchandise.com/

CAPITOLO 14: ASSICURAZIONE DEL SETTORE MUSICALE

- PLAYSAFE: PlaySafe di Music Insurance Brokers fornisce assicurazioni specialistiche per musicisti, gruppi musicali e festival
http://www.playsafeinsurance.com/

- BROKER ASSICURATIVI MUSICALI
http://www.musicinsurance.net/

- ASSICURAZIONE LA PLAYA
https://laplayainsurance.com/uk/

- DOODSON BROKING GROUP
https://www.integroedge.com/doodson/

CAPITOLO 15:
CONFERENZE ED EVENTI MUSICALI

WINTER MUSIC CONFERENCE (WMC MIAMI) Una piattaforma fondamentale per il progresso dell'industria musicale. https://wintermusicconference.com/official-notice/

THE GREAT ESCAPE CONVENTION: Il programma TGE Convention aiuta questi delegati del settore a imparare, fare rete e scoprire, identificare nuovi talenti e partner commerciali con cui lavorare, esplorare e capire come ottenere di più dal business della musica. https://greatescapefestival.com/conference/

TAKE NOTE LONDON L'evento Take Note dello scorso anno ha introdotto un nuovo tipo di conferenza nel mondo della musica elettronica, rivolto alle persone che tentano di entrare in esso piuttosto che a coloro che sono all'interno. Oltre quaranta relatori provenienti da ruoli diversi in importanti etichette discografiche, società di gestione, media mainstream, avvocati, agenti, stimati prs, artisti e molti altri si sono riuniti per discutere aspetti del settore che in precedenza erano tenuti nascosti.

Quest'anno Take Note è tornato per istruire, ispirare e collegare ulteriormente la prossima generazione della nostra industria musicale.

I giovani nella musica sono incoraggiati a costruire i propri progetti e la propria identità, avendo un impatto sul settore e aprendosi le porte per seguire un percorso di carriera che è eccitante e potenzialmente molto redditizio, ma uno dei più difficili da manovrare.

Ascoltando le stelle principali della musica elettronica, condividendo la loro saggezza e offrendo consigli, Take Note consente ai propri delegati di entrare in questo settore adeguatamente armati e completamente attrezzati per fare le scelte giuste e condurre una carriera appagante e di successo. Take

Note gioca un ruolo fondamentale nell'educare la prossima generazione, coloro che inevitabilmente scolpiranno il futuro del nostro settore. https://takenote.london/

SXSW Fondato nel 1987 ad Austin, in Texas, SXSW è meglio conosciuto per le sue conferenze e i festival che celebrano la convergenza delle industrie interattive, cinematografiche e musicali. L'evento, una destinazione essenziale per i professionisti globali, offre sessioni, vetrine, proiezioni, mostre e una varietà di opportunità di networking. SXSW dimostra che le scoperte più inaspettate avvengono quando diversi argomenti e persone si incontrano. https://www.sxsw.com/

SÓNAR Festival europeo pionieristico, iniziato nel 1994, Sónar è rinomato per il suo formato unico e il suo programma musicale che mette in mostra le ultime tendenze nel campo della danza e dell'elettronica, oltre a quegli artisti che spingono i limiti dell'espressione musicale.

Con centinaia di artisti, performer e DJ divisi in due luoghi emblematici - Sónar by Day ai piedi del Montjuic e Sónar by Night nello splendido complesso Fira Gran Via - Sónar è un parco giochi creativo, che promuove e incoraggia nuove interazioni tra artisti affermati, entusiasmanti nuovi arrivati e il nostro pubblico internazionale di mentalità aperta.

https://sonar.es/

INTERNATIONAL MUSIC SUMMIT (IMS) International Music Summit è una piattaforma di leadership di pensiero educativa, ispiratrice e motivazionale dedicata alla creazione di consapevolezza e apprezzamento per la musica elettronica, l'arte relativa al DJing e tutte le forme d'arte popolari correlate, principalmente attraverso la presentazione di summit ed eventi che celebrano il contributo storico e costante del genere all'arte e alla cultura in tutto il mondo.

https://www.internationalmusicsummit.com/

DANCEFAIR DJ, produttori e musicisti che desiderano formarsi e entrare in contatto con i migliori nomi del settore e vogliono portare le loro produzioni alle più grandi etichette del mondo vengono al Jaarbeurs di Utrecht il 4 e 5 marzo 2017. https://dancefair.nl/nl/

BPM PRO Il primo BPM si è svolto nel 2007 e ha attirato oltre 2200 visitatori per due giorni di dimostrazioni di attrezzature, networking, seminari, workshop, esibizioni dal vivo e dj set. Un secondo evento nel 2008 ha consolidato saldamente il posto di BPM nel calendario del settore.

Dopo due anni di successi al Donington Park Exhibition Centre, BPM si è trasferita nella sua attuale sede, il National Exhibition Centre di Birmingham, di fama internazionale. Il NEC consente all'evento una crescita illimitata, pur rimanendo in una posizione centrale con sede nella fiorente città di Birmingham. Il NEC offre anche fantastici collegamenti di trasporto su strada, insieme a una stazione ferroviaria e un aeroporto in loco, rendendo

BPM più accessibile ai visitatori di tutta Europa e anche di paesi lontani.

EVENTO DI DANZA DI AMSTERDAM L'Amsterdam Dance Event (ADE) è la principale piattaforma di musica elettronica e il più grande festival di club al mondo per l'intero spettro dei sottogeneri elettronici. I molteplici brani della conferenza di ADE offrono la migliore piattaforma annuale di affari e ispirazione nel campo della musica elettronica, con programmazione dedicata per professionisti aziendali, start-up, aspiranti produttori e musicisti, studenti, VJ, artisti visivi e scenografi. Nel 2016 la conferenza ha accolto 550 relatori e 7000 delegati. https://www.amsterdam-dance-event.nl/en/

CAPITOLO 16: STRATEGIE DI PROMOZIONE DELLA MUSICA

• Come attirare l'attenzione dei fan prima dell'uscita di nuova musica?

CONSAPEVOLEZZA: Pubblica buoni contenuti sui Social Media a partire da un mese prima del rilascio della nuova traccia (immagini, anteprima video, sondaggi ecc ...)

INTERESSE: Ad esempio puoi raccontare la tua storia, l'origine della tua traccia o parlare dei tuoi valori.

DESIDERIO: crea desiderio e attesa con una piccola anteprima dei primi 30 secondi della canzone o pubblicalo sui social media con le parti di anteprima del testo.

AZIONE: questa è la fase più importante di questo processo iniziale.

Devi agire per auto-promuovere la tua canzone nel modo migliore, devi decidere la strategia e organizzare il tuo programma di lavoro.

2 BUONE STRATEGIE PER LANCIARE UN SINGOLO / ALBUM

1) Pubblica un'anteprima parziale dell'intero album o singolo pochi giorni prima del rilascio.

2) Inizi a parlare prima dell'album o del singolo attraverso pubblicazioni e anteprime alcuni mesi prima per iniziare a costruire consapevolezza, interesse e desiderio (scelta consigliata).

STRATEGIA DI LANCIO (pochi giorni prima):

- 1) Impostare una data di rilascio di 2-3 settimane in anticipo.

- 2) Invia la tua canzone a blog, canali di promozione YouTube e canali SoundCloud prima della data di uscita.

- 3) Crea un breve video teaser, anteprima per Instagram, Facebook e invialo alla tua mail list, ecc ...

- 4) Dopo il rilascio, continua a inviare la traccia al Blog / canali ogni settimana fino al rilascio successivo

STRATEGIA DI LANCIO (alcuni mesi prima):
4 settimane prima del rilascio

- 1) Crea materiale di marketing - Storie IG - Trailer / Anteprima, Pubblica ogni giorno

- 2) Invia email esclusive alla tua mailing list parlando della tua nuova versione 30 - 14 - 7 e 3 giorni prima della tua uscita.

- 3) Puoi utilizzare Submite Hub per inviare la tua canzone a blog / canali promozionali o inviarla direttamente tramite e-mail.

Dopo il rilascio:

- 1) Crea gif / piccole parti della tua canzone per nuovi contenuti sociali.

- 2) Continua a postare su blog e canali di reti di promozione, curatori di playlist, durante le settimane successive fino alla tua prossima pubblicazione.

- 3) Invia e-mail con la richiesta di passaggi radio

- 4) Crea una sfida con i video su TikTok

- 5) Invia la tua musica ai vari YouTuber e consenti che venga utilizzata nei loro video su YouTube in cambio di una menzione nella descrizione dei loro video.

- 6) Collabora con amici e colleghi, pubblica remix di brani che hanno avuto più successo di quelli che hai pubblicato.

- 7) Contatta registi di film e serie tv indipendenti e licenzia la tua musica non solo a prezzi bassi.

CAPITOLO 17: COME AUMENTARE GLI ASCOLTATORI SU UNA NUOVA USCITA

- 1) Fai remixare la tua canzone e le tue collaborazioni

- 2) Coperture acustiche

- 3) Versioni live - video - registrazioni

- 4) Cover della tua canzone in diverse lingue

CAPITOLO 18: CONSIGLI PER L'E-MAIL MARKETING

È molto importante trarre vantaggio dalle interazioni.

Cosa significa?

Significa fare in modo che chiunque abbia interagito con i nostri contenuti possa essere seguito da noi in un secondo momento, in modo da creare lealtà ...

Per creare la tua comunità di appassionati.

Questa operazione può essere fatta direttamente all'interno dei social network, aumentando follower e fan reali ma anche e soprattutto al di fuori di essi.

Al di fuori dei social network è possibile raccogliere un elenco di contatti di posta elettronica a cui inviare la propria comunicazione quando e come si desidera.

Avere una lista significa avere un nostro pubblico a cui:

- inviare offerte

- inviare le date dei concerti

- creare relazioni (fondamentale)

- qualunque idea ti venga in mente

Per fare e-mail marketing puoi utilizzare la piattaforma Mailchimp, gratuitamente fino a 2000 iscritti e 12.000 email inviate mensilmente.

Al termine, dopo esserti registrato, dopo aver creato la lista dei contatti, mailchimp ti da la possibilità di inviare un ulteriore messaggio automatico alle persone che si sono iscritte alla tua email, la cosiddetta "e-mail di benvenuto finale".

È possibile personalizzare il campo disponibile, quindi in questo campo, se nella pagina di cattura dei contatti ho promesso all'utente che dopo la registrazione avrebbe ricevuto un regalo, qualcosa da scaricare, un video, una canzone esclusiva, questo gergo chiamato "FREEBIE" o "LEAD MAGNET" in sostanza è un contenuto bonus che può essere un collegamento alla tua canzone a cui possono accedere solo gli iscritti alla tua newsletter o un collegamento YouTube non in elenco in modo che possa essere visualizzato solo da coloro che possiedono il collegamento.

CAPITOLO 19: FARE AMICIZIA CON I FITNESS INFLUENCERS

Qual è una cosa che le persone che si allenano amano fare?

Ascolta la musica mentre si allenano e pubblica la musica sui loro video di allenamento su Instagram!

1) Cerca influencer usando l'hastag su Instagram: "Fitness"

2) Contatta gli Influencer tramite messaggio DM privato o e-mail

3) Chiedi quanto vorrebbero caricare la tua musica nel prossimo video di formazione

CAPITOLO 20: COME INVIARE LA TUA MUSICA AI BLOG COME UN PROFESSIONISTA

Quando sai quali blog stanno cercando la tua musica e quali saranno interessati alla tua band, sei pronto per iniziare a presentare.

Crea un elenco di linee guida per ogni blog per determinare gli elementi in comune, quindi assicurati di avere tutte le informazioni nella tua presentazione di base.

Una volta che inizi a presentare proposte per ogni blog, ci vorranno solo alcune piccole modifiche e un po 'di riorganizzazione per soddisfare le loro esigenze specifiche.

Successivamente, vuoi dare loro una ragione per cui dovrebbero coprirti.

Non si tratta di te. Riguarda loro. Cosa hanno di simile alla tua band? C'è qualcosa su cui hanno scritto che ti fa pensare che potrebbe piacere la tua musica?

Se non riesci a trovare un motivo per cui dovrebbero essere interessati, non dovresti contattarli.

È così semplice.

Chiedi quello che vuoi.

Chiedete specificatamente il tipo di copertura che desiderate. Ma per prima cosa: assicurati che il blog che stai contattando abbia effettivamente quel tipo di copertura.

Se è un blog che pubblica solo MP3, non dovresti chiedere la recensione di un album.. Hanno una cosa specifica in cui potresti essere adatto? Menziona quella cosa.

Sappi in anticipo il target che coprono per dimostrare che stai prestando attenzione e non sprecare il loro tempo con ciò che non fanno.

E tutte quelle informazioni che ti ho detto che i media stanno cercando nel primo passaggio di questa guida? Sì, vuoi includerlo nel tuo discorso. Tutti questi dovrebbero essere collegamenti diretti alle informazioni, piuttosto che allegati.

L'unica volta in cui dovresti inviare un allegato è se è specificamente richiesto.

Inoltre, ti consigliamo di:

Link all'album, all'EP o al singolo che desideri coprire (la maggior parte preferisce che il link sia Soundcloud, Bandcamp o Spotify).

Includere alcune frasi descrittive sulla musica e sulla storia di base

Artisti di genere o simili che possono essere utilizzati come rapido quadro di riferimento.

CAPITOLO 21: COME INVIARE LA TUA MUSICA AI CURATORI DELLE PLAYLIST SPOTIFY

1. OTTIENI LA VERIFICA

La prima cosa che dovresti fare è verificare il tuo profilo della band Spotify. Questo fa alcune cose. Ti dà credibilità e mostra che prendi sul serio la tua band. Può anche aiutare con gli algoritmi di Spotify che danno la priorità agli account verificati.

2. LAVORA GLI ELENCHI DI CANZONI SPOTIFICATI NON UFFICIALI

Il modo migliore per raggiungere un obiettivo è iniziare da dove sei.

Potresti voler passare direttamente a essere presente su una playlist Spotify ufficiale, ma la verità è che molto probabilmente dovrai costruire fino a dove un curatore di Spotify presterà attenzione.

La buona notizia è che ci sono molti curatori non ufficiali di Spotify che saranno più aperti a presentare band che non hanno ancora costruito un seguito più ampio. In questa fase del gioco, i curatori di Spotify, sia ufficiali che non ufficiali, sono pesantemente sorvegliati ed estremamente sfuggenti.

Inizia con quelli che vogliono più follower e aiutali a marchiarli chiedendo ai tuoi follower di seguirli. Nella tua testa potresti pensare che non valgono il tempo. Pensa invece non a dove sono, ma a dove potrebbero finire. Non è così che speri che i playlister pensino di te?

3. PROMUOVERE SPOTIFY SULLE PIATTAFORME DI SOCIAL MEDIA

Se vuoi aumentare i follower e la consapevolezza con gli influencer di Spotify, dovrai aumentare i tuoi sforzi di marketing sui tuoi social media. Assicurati di avere collegamenti al tuo profilo Spotify nelle sezioni delle informazioni. Inoltre, una volta alla settimana, chiedi ai fan di seguirti. Ma non chiedere loro di seguirti senza dare loro qualcosa di nuovo.

Sii strategico offrendo nuovi contenuti, sia che si tratti di annunciare il tuo singolo, l'uscita di un album o la creazione di una playlist con nuove canzoni. Assicurati anche di promuovere le playlist degli influencer che desideri includere nella loro playlist. Soprattutto con coloro che non hanno ancora quanto segue, questo può fare molto e consentirti di entrare al piano terra prima che diventino grandi.

CONCLUSIONE

Con questo manuale completo ti ho fornito tutte le principali informazioni, risorse, siti, strumenti e strategie di cui avrai bisogno per lavorare nell'industria musicale come musicisti, artisti ma anche come promotori musicali, A&R, label manager, tour manager e così via.

Ricorda che ci sono tanti artisti nel mondo, tanti musicisti di talento, ma chi conosce a fondo il business, fa un lavoro di qualità e sa promuoversi con le giuste strategie di marketing avrà più possibilità di distinguersi dagli altri e lasciare il segno sull'industria musicale.

Tanti auguri per il tuo viaggio nel fantastico mondo della musica.

CONSIGLI PER CRESCERE SU SPOTIFY

La guida completa per principianti con suggerimenti e strategie per promuovere la musica su Spotify come un professionista

Semantic Sounds

INTRODUZIONE

Al giorno d'oggi promuovere la propria musica su Spotify è di fondamentale importanza per raggiungere tantissimi nuovi ascoltatori e nuovi potenziali fans.

Spotify grazie alle sue playlist algoritmiche, che crea appositamente per noi, suggerisce brani che potrebbero interessarti. Grazie al suo algoritmo automatico che raccomanda determinati brani a determinati utenti.

E' una sorta di intelligenza artificiale, grazie alla quale ogni artista può riuscire ad ottenere supporti direttamente da Spotify stesso.

Più un tuo brano verrà ascoltato e inserito nelle varie playlists sia private che editoriali più si avrà la possibilità di essere consigliato da Spotify.

Alcune playlist algoritmiche per esempio sono le "Release Radar" oppure la "Discovery Weekly" create appositamente per te.

Le playlist algoritmiche vanno prima di tutto sbloccate, Spotify si deve accorgere di voi e della vostra musica.

Esistono infatti una serie di procedure per far si che Spotify si accorga della vostra musica e la promuova per te.

La promozione migliore che esiste è proprio quella di finire nelle playlist algoritmiche.

Le playlist algoritmiche vengono aggiornate ogni venerdì, che solitamente è il giorno in cui escono i nuovi brani.

Ma come fa Spotify ad accorgersi di noi?

Dipende molto dalle performance della traccia.

L'obiettivo è quello di farsi inserire in più playlist possibili sia Indipendenti, collaborative e editoriali e di conseguenza si dopo si verrà inseriti anche in quelle algoritmiche.

E' fondamentale conoscere il funzionamento di Spotify, bisogna entrare in tante altre playlist per poi attivare le playlist algoritmiche.

Entrando nelle playlist algoritmiche riuscirai ad entrare nelle playlists di migliaia e migliaia di utenti che ascoltano la musica simile alla tua.

Questa è la migliore promozione per te, è gratis e la fa direttamente Spotify per te!

In questo modo otterrai tutti plays e streams reali di persone che amano il tuo stesso genere musicale.

Sei pronto per partire?

Iniziamo subito!

CAPITOLO 1: Perché è importante essere su Spotify?

Se sei un music creator oggi NON puoi non essere su Spotify.

Che cos'è Spotify?

Spotify è un servizio di streaming musicale che offre contenuti audio digitali.

È possibile accedere gratuitamente ai contenuti audio di base, mentre gli abbonamenti premium consentono agli utenti di accedere a contenuti mobili offline e di ascoltare musica senza pubblicità.

Alla fine del 2019, la società ha annunciato 124 milioni di abbonati paganti.

Lanciato nel 2008, Spotify è nato in Svezia prima di espandersi nei mercati europei e negli Stati Uniti nel 2011.

Il lancio negli Stati Uniti di Spotify è stato fortemente commercializzato tramite Facebook, con l'app di streaming musicale che si avvaleva dell'integrazione dell'ascolto sociale tramite i social media.

Parte del fascino di Spotify può essere attribuito alle playlist curate dagli utenti stessi e dai brand, che possono essere condivise pubblicamente o tra amici.

I fan possono scegliere cosa ascoltare in base al loro stato d'animo o alle loro preferenze attuali e la capacità di condividere tali contenuti fornisce un elemento di connettività sociale normalmente riservato ai siti di rete.

Nel primo trimestre del 2020, il servizio di streaming musicale Spotify ha registrato 286 milioni di utenti attivi in tutto il mondo. Ciò ha segnato un aumento di quasi 70 milioni in un solo anno.

Per maggiori info guarda il sito:
https://www.statista.com/statistics/367739/spotify-global-mau/

Fonte: (Spotify's monthly active users 2015-2020, Published by Amy Watson, May 11, 2020) Statista.com

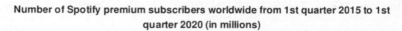

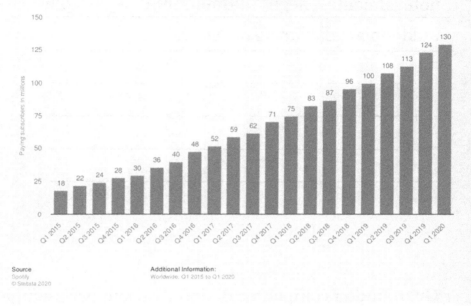

(Fonte Statista.com)

Di seguito riporto alcuni dati statistici estrapolati dalla fonte ufficiale Statista.com per farti comprendere quanto sia importante per un artista essere presente su Spotify per raggiungere nuovi potenziali fans e tantissimi nuovi ascoltatori.

A partire dal primo trimestre del 2020, Spotify aveva 130 milioni di abbonati premium in tutto il mondo, rispetto ai 100 milioni nel corrispondente trimestre del 2019. La base di abbonati di Spotify è cresciuta notevolmente negli ultimi anni e è più che raddoppiata dall'inizio del 2017.

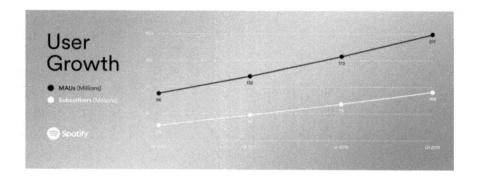

Guardando i competitor di Spotify come per esempio Pandora, possiamo fare un confronto con le previsioni di crescita future con dati ufficiali:

Nel 2018, Pandora era più popolare, con utenti dai 25 ai 34 anni e utenti di età pari o superiore a 55 anni, mentre gli adulti nella fascia di età compresa tra 18 e 24 anni erano di gran lunga il segmento di mercato più debole dell'azienda.

La base di utenti di Pandora potrebbe essere piatta rispetto a Spotify, ma le entrate di Pandora sono passate da quattro milioni di dollari statunitensi a quasi 1,5 miliardi in un decennio, mostrando una crescita incredibile e costante durante quel periodo. Pandora genera la maggior parte delle sue entrate dalla pubblicità, sebbene sia cresciuta sempre più facendo affidamento sulle entrate derivanti dai servizi in abbonamento.

Nel 2018, invece Spotify ha registrato ricavi per 5,2 miliardi di euro.

Spotify ha operato in perdita per anni, ma ha registrato il suo primo profitto operativo trimestrale all'inizio del 2019.

Entro il 2023, si prevede che Spotify avrà circa 93,4 milioni di utenti, quasi trenta milioni in più rispetto ai 65,4 milioni registrati nel 2019.

Tuttavia, si prevede che ci sarà un graduale declino nella base di utenti di Pandora nei prossimi anni, con la società che perde dai due ai tre milioni attivi ascoltatori all'anno.

Secondo MarketWatch, quello della musica in streaming è un mercato da miliardi di dollari.

Ci si aspetta che anche l'arrivo di Apple, Google e Amazon sul mercato porti a un notevole aumento dei proventi delle etichette, creando nuove opportunità per l'intero settore.

Per lo streaming musicale, il 2014 è stato un anno ricco di novità: a giugno Amazon ha lanciato Prime Music, a luglio Songza è stata acquisita da Google, e ad agosto Apple ha comprato Beats di Dr. Dre per l'incredibile somma di 3 miliardi di dollari.

Se non bastasse a convincerti che lo streaming è una delle principali priorità, tutte le tre principali etichette hanno reparti specifici per la creazione e la promozione di playlist musicali su Spotify: UMG ha Digster, Sony Filtr, WMG PlaylistMe, e WEA, la divisione di distribuzione e servizi agli artisti di WMG, ha acquisito Playlists.net la scorsa settimana.

La strategia è chiara: promuovere la propria musica tramite le playlist per arrivare a incrementare il numero di riproduzioni in streaming del proprio catalogo Spotify. Attirando fan tramite playlist basate su temi e generi, possono infatti utilizzarle introducendo al loro interno le nuove tracce appena rilasciate.

Questo tipo di marketing è una sorta di nuova pubblicità via radio, in cui a dettare legge in fatto di gusti sono i curatori della playlist e chiunque può diventare un curatore.

Etichette, distributori, artisti, celebrità, marchi, programmi TV, appassionati di musica e molti altri soggetti possono curare delle playlist Spotify per attirare dei fan.

È ragionevole pensare che un utente che scopre la tua musica per la prima volta tramite una playlist, potendo continuare ad ascoltarla senza dover pagare, possa continuare ad ascoltare tutte le altre canzoni nel tuo catalogo.

In questo modo puoi conquistare nuovi fan, che non saranno costretti a scegliere con attenzione quale singolo acquistare.

Se avessero dovuto acquistare la tua musica prima di poterla anche solo ascoltare, molti non ti avrebbero mai scoperto.

Ron Pope, artista indipendente statunitense, ha aggiunto il suo catalogo su Spotify nel 2010.

In poco più di due anni ha generato oltre 57 milioni di riproduzioni, che lo hanno portato a guadagnare 334.636 $ (dato aggiornato a febbraio 2014).

La maggior parte dei mesi, Pope riceveva milioni di riproduzioni in streaming dalla Svezia, ed è stato così che gli è stato possibile partecipare a un festival nel Paese scandinavo.

Nei Paesi in cui Spotify è molto popolare, come la Svezia e la Norvegia, quasi nessuno acquista musica: la maggior parte dei proventi deriva dunque dallo streaming. È per questo motivo che su Spotify, in quei Paesi gli artisti possono guadagnare 5 o 10 volte di più che negli Stati Uniti.

Quindi guardando queste statistiche e le previsioni future ogni artista dovrà essere presente su Spotify, ma soprattutto sapersi distinguere e saper promuovere la propria musica nel modo migliore possibile sfruttando tutti gli strumenti che oggi si hanno a disposizione.

Proprio in questa guida andremo a vedere quali sono le migliori strategie e consigli per crescere su Spotify.

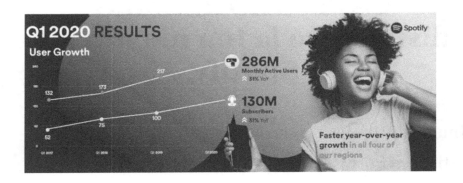

CAPITOLO 2: Come distribuire la tua musica su Spotify

Innanzitutto per essere presente su Spotify come artista avrai bisogno di caricare la tua musica sulla piattaforma.

Questo può avvenire in 2 modi:

1) Se sei un artista indipendente puoi utilizzare un distributore musicale come per esempio Distrokid, iMusician, LANDR, Repost Network, Tunecore e tanti altri, basta fare una rapida ricerca sul web, ci sono tantissimi ottimi servizi di distribuzione sul web anche gratuiti.

2) Oppure puoi pubblicare i tuoi brani tramite un etichetta discografica che si occuperà di tutto.

Se sei un artista indipendente e distribuirai la tua musica autonomamente tramite un distributore avrai alcuni vantaggi:

-Controllerai direttamente tu le tue royalties

-Gestirai il tuo catalogo autonomamente

-Non sarai sottoposto a termini e contratti da rispettare con altre etichette

-Avrai una percentuale di royalties maggiore

-Gestirai autonomamente i diritti relativi alla tua musica

Ma in questo modo dovrai occuparti anche tu stesso della promozione, anche se molti distributori mettono a disposizione un buon network di contatti per ricevere supporti.

Le royalties e gli streams oscilleranno di mese in mese a seconda dell'utilizzo, ma approssimativamente $0.0035 – $0.006 dollari americani/stream è la stima comunemente utilizzata. Dove distribuisce Spotify?

Spotify è disponibile in:
Stati Uniti e Canada
Asia del Pacifico: Australia, Giappone, Hong Kong, Indonesia, Malesia, Nuova Zelanda, Filippine, Singapore, Taiwan.

Europa: Andorra, Austria, Belgio, Bulgaria, Cipro, Repubblica Ceca, Danimarca, Estonia, Finlandia, Francia, Germania, Grecia, Ungheria, Islanda, Irlanda, Italia, Lettonia, Liechtenstein, Lituania, Lussemburgo, Malta, Monaco, Paesi Bassi, Norvegia, Polonia, Portogallo, Slovacchia, Spagna, Svezia, Svizzera, Turchia, Regno Unito.
America Latina e Caraibi: Argentina, Bolivia, Brasile, Cile, Colombia, Costa Rica, Repubblica Dominicana, Ecuador, El Salvador, Guatemala, Honduras,

Messico, Nicaragua, Panama, Paraguay, Perù, Uruguay.

Dopo averla distribuita la tua musica sarà disponibile su Spotify dopo 4-5 giorni al massimo, non appena che la tua uscita sarà stata approvata dal distributore.

Qui di seguito riporto una classifica dei pagamenti per ogni streaming:

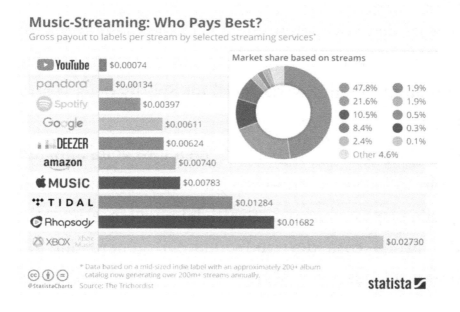

(Fonte: Statista.com)

CAPITOLO 3: Come aumentare stream e ascoltatori

Per aumentate i plays e gli ascoltatori far inserire i propri brani all'interno

di playlist Spotify molto seguite è il modo migliore per aumentare

naturalmente gli ascolti delle proprie canzoni, farsi trovare da nuovi potenziali fan che amando un genere affine al vostro possono scoprirvi e soprattutto far aumentare i follower dell'account Spotify della vostra band.

Occorre però trovare playlist che a loro volta abbiano molti follower in modo che gli ascoltatori abituali di quella playlist vengano attratti dai nuovi inserimenti.

Per prima cosa devi individuare il genere del tuo brano ed iniziare a seguire tutte quelle playlist che hanno brani con caratteristiche simili al tuo.

Per trovare le playlists che più ti interessano su Spotify, devi andare sul profilo di un artista con delle sonorità simili alle tue (se è possibile prendi in considerazione artisti molto conosciuti) , cliccare poi su "About" e osservare la casella "Discovered On", ovvero "Appare in".

Quelle sono le 5 Playlist che hanno generato maggiori streams.

Così facendo, avrai un'idea delle playlists che più rispecchiano il genere del tuo brano.

Essere presenti in tante playlist molto seguite ci farà apparire agli occhi di Spotify in maniera diversa.

I nostri brani saranno infatti considerati brani molto diffusi e ascoltati da tanti utenti (grazie appunto alla nostra presenza in tante playlist con tanti follower) e l'algoritmo ci tratterà in modo diverso: ci consiglierà come novità durante gli ascolti degli utenti che ascoltano il nostro genere musicale aumentando di fatto gli ascolti dei nostri brani.

Tutto questo non farà soltanto aumentare gli ascolti dei nostri brani, ma ci farà aumentare i followers del nostro account Spotify e conquisteremo nuovi fan che poi ci verranno a cercare sulle altre nostre pagine social.

Non solo, tutto questo aumento di follower e play comporterà anche la possibilità di essere inseriti direttamente nelle playlist algoritmiche che Spotify realizza facendo aumentare i nostri ascolti esponenzialmente.

CAPITOLO 4: I vari tipi di playlist Spotify

PLAYLIST PRIVATE: Sono quelle playlist create dagli utenti stessi.

Questa tecnica è una delle più semplici poiché consistente nel contattare privatamente il proprietario della playlist, tramite Facebook o Email.

In questo istante ti starai chiedono "Come faccio a capire chi è il proprietario di una playlist?"

Per prima cosa, devi individuare la playlist nella quale vorresti inserire la tua traccia.

Accanto alla scritta "Creata da" ci sarà il nome accanto.

Clicca sul nome e andrete sul profilo del curator dal quale potrete trovare le informazioni di contatto che cercate, oppure potreste cercarlo sui social.

Eccolo lì, il 96% degli utenti di Spotify usano la stessa foto profilo anche su Facebook e vari social network, quindi sarà molto facile capire se è la persona giusta.

Una volta che hai trovato il suo profilo privato su Facebook, non tocca altro che aggiungerlo tra gli amici e creare una connessione con lui, proponendogli la tua traccia per farla inserire nella sua playlist.

PLAYLIST COLLABORATIVE: Create da utenti nelle quali è possibile inserire i propri brani autonomamente, basta semplicemente seguirle e inserire manualmente la vostra musica.

PLAYLIST AZIENDALI:

Ormai la maggior parte delle playlist sono controllate da numerosi team editoriali, ma esistono comunque moltissime opportunità per gli artisti senza etichetta discografica per apparire nelle playlist dei curatori, senza spendere un centesimo.

Il procedimento in questo caso è diverso.

Per inviare la traccia in una delle seguenti playlist, basta andare nei loro siti ufficiali e inviare la tua traccia tramite i loro form di contatto.

Alcune di queste sono:

- Soave
- Indiemono

- Soundplate
- MySphera (nostro partner Semantic)
- Tunemunk
- Chill Your Mind
- Daily Playlist
- Imusician Digital

Ci sono anche alcuni tools molto utili che puoi utilizzare per inviare i tuoi brani alle playlist aziendali come per esempio:

- PlaylistPush https://playlistpush.com/
- ThePlaylister Club https://www.playlister.club/
- Submit Hub: che ti permette di inviare facilmente la tua musica ai curatori, usando "credits." standard o premium.

Ogni curatore richiede da 1 a 3 crediti.

Se usi crediti premium, puoi aspettarti una decisione entro 48h.

Per guadagnare i tuoi crediti, il curatore dovrà ascoltare almeno 20 secondi

della tua canzone e, se non gli piace, dovrà spiegarti perché.

Anche se 20 secondi possono non sembrare molti, il tempo di ascolto medio dei blogger è vicino ai 2 minuti.

È importante che tu tenga a mente che la maggior parte dei curatori lo fa per hobby, e a volte è difficile trovare le parole giuste per spiegare perché non hanno gradito una canzone.

In fin dei conti, la musica parla delle proprie esperienze personali, e ciò che suona bene per te potrebbe non funzionare per tutti.

PLAYLIST MAJOR: Le Major sono quelle etichette che hanno il monopolio sia su Spotify che sul mercato musicale, come;

- Topsify (Warner)
- Filtr (Sony)
- Digster (Universal)
- Playlist Ufficiali Spotify

L'entrata in queste playlist è più complicato del solito, ma non impossibile.

La prima opzione è quello di mandare la traccia tramite i form dei loro siti ufficiali.

Cosi facendo, la possibilità d'ascolto è minima, poiché la maggior parte degli artisti fa questo.

La seconda opzione che ovviamente consiglio di fare è quello di scoprire chi inserisce le tracce in queste playlist e creare una connessione diretta con questa persona cosi da poter presentare il tuo brano, in questo modo avrai la sicurezza che essi ascolterà, mentre con il form sarà sempre un punto interrogativo.

Per trovare le playlist che più rispecchiano il vostro genere fate una ricerca su Spotify in base alle vostre sonorità e al vostro genere musicale.

Ricordatevi che dietro ai numeri ci sono persone e che una delle cose più belle che possono capitare facendo questo tipo di attività di autopromozione, è di incontrare e conoscere direttamente veri appassionati di musica.

Un strumento che potete utilizzare per trovare le playlist presenti su Spotify e cercare quelle con più

follower è il sito
http://playlistminer.playlistmachinery.com/

Oppure per trovare ulteriori playlist potrete utilizzare uno strumento chiamato Playlistminer: http://playlistminer.playlistmachinery.com/

Cercate di contattare le playlist che hanno più seguito.

Siate constanti e vedrete aumentare notevolmente sia gli ascolti che i vostri follower, ma soprattutto cambierà la vostra immagine agli occhi di Spotify.

Infatti potreste avere più chance di entrare nelle playlist algoritmiche di Spotify ed essere suggeriti all'interno dei profili di altri artisti simili a voi in modo automatico.

PLAYLIST EDITORIALI: Quelle create direttamente da Spotify.

CAPITOLO 5: Come accedere nelle playlist su Spotify

Dopo aver capito quali sono le playlist in cui vorresti far inserire i tuoi brani in base al tuo genere musicale ci sono vari metodi per riuscire a ad entrare in queste playlists.

Le persone infatti che realizzano queste playlist sono di solito appassionati sempre pronti a scoprire nuova bella musica e inserirla nelle loro playlist per stupire i propri followers.

Basterà quindi scrivergli un messaggio o un mail con un link per ascoltare la canzone che vogliamo proporre (ovviamente è consigliato mandare il link Spotify) con la gentile richiesta di ascolto e in caso di apprezzamento l'inserimento nella loro playlist.

Esempio di un messaggio tipo:

"Ciao Marco scusa il disturbo, sono un artista emergente e volevo segnalarti un mio brano per la tua playlist su Spotify"

(link spotify del brano)

Un altro modo per entrare nelle playlist Spotify è quello di crearvi una lista di contatti mail su excel o word e contattare tramite mail i curators.

Quando invii un brano ai curatori delle playlist di Spotify, la strategia migliore è essere brevi, personali, chiari ed essere se stessi.

- Sii breve: una breve introduzione ("Ciao, sono un artista...") è tutto ciò di cui hai veramente bisogno. Cerca di mantenere l'intero messaggio con non più di 50-75 parole.

- Sii personale: dedica del tempo a personalizzare il tuo messaggio per la persona che stai contattando.

- Sii chiaro: sii chiaro su ciò che vuoi e specifica a quale playlist stai lanciando il tuo brano! Ricorda che molti curatori possiedono diverse playlist, quindi se scrivi "Ti preghiamo di considerare la mia canzone per la tua playlist" potrebbe prenderla in considerazione.

- Sii te stesso: scrivi il più naturalmente possibile mentre sei ancora compreso. Ricorda che i curatori delle playlist sono persone reali, proprio come te.

Come fan della musica, apprezzano già il lavoro degli artisti, quindi sii onesto su chi sei e cosa stai cercando di ottenere.

Nel tuo messaggio iniziale, includi il collegamento Spotify a UNA sola traccia. SOLO UNA.

Non inviare loro il link a un intero album o al tuo profilo Spotify. La maggior parte dei curatori non si prenderà il tempo di fare clic e ascoltare più di una traccia. Se gli piace la traccia che invii loro, possono facilmente controllare il resto del tuo catalogo su Spotify.

Ricorda di trattare ogni curatore come un potenziale nuovo fan.

Preparati a rispondere rapidamente se ricevi una risposta, soprattutto su piattaforme social come Facebook Messenger in cui le persone si aspettano risposte immediate.

Se riesci ad avviare una conversazione, ancora meglio!

Se il proprietario della playlist ama davvero la tua musica, può controllare il tuo catalogo posteriore per altri brani.

Non essere sorpreso se vedi le altre tue canzoni apparire nelle loro playlist.

In alcuni casi il proprietario della playlist potrebbe non aggiungere la traccia che hai lanciato, ma un'altra traccia dal tuo catalogo.

Invece per accedere alle playlist editoriali di

Spotify è possibile farlo seguendo questi passaggi:

1) Hai ancora bisogno di distribuzione; questo non è un processo per fornire musica direttamente a Spotify, ma solo per attirare l'attenzione di Spotify su una traccia che è già stata consegnata al loro ecosistema.

Quindi distribuisci la tua musica su Spotify.

2) È possibile inviare un solo brano inedito alla volta per la considerazione della playlist; una volta che la canzone cade, puoi quindi inviare un'altra traccia inedita alla loro squadra.

3) L'invio di un brano inedito a titolo oneroso garantisce inoltre che i tuoi follower su Spotify avranno il brano aggiunto alle loro playlist personalizzate del Radar di rilascio venerdì, supponendo che non abbiano già ascoltato il brano all'inizio della settimana.

4) Spotify vuole che i DATI che aiutino ad abbinare le migliori canzoni alle playlist giuste. E' importante dare più informazioni possibili: genere, stato d'animo e altri punti che aiutano Spotify a prendere decisioni su dove potrebbe adattarsi la tua canzone.

5) Puoi inviare musica solo su DESKTOP; il processo di invio non funzionerà nella versione mobile di Spotify for Artists.

6) Devi presentare il brano almeno sette giorni prima dell'uscita della canzone; ma più tempo di consegna dai Spotify, meglio è. Pianificare in anticipo!

7)   Non è possibile inviare musica che è già stata rilasciata.

8)   Questo processo è GRATUITO e non esiste alcun meccanismo per pagare al fine di aumentare le possibilità di collocamento in queste playlist.

Come inviare un brano per la considerazione della playlist Spotify?
Ecco le istruzioni di Spotify:

Accedi a Spotify for Artists sul desktop e trova la musica inedita nella parte superiore delle schede Home o Profilo.

Seleziona INIZIA accanto alla versione che desideri inviare. In alternativa, vai su Profilo, fai clic con il pulsante destro del mouse su qualsiasi musica inedita e seleziona Invia una canzone.

Scegli un brano dal rilascio da inviare.

Inserisci quante più informazioni possibili sulla canzone.

Più informazioni dai, maggiori sono le possibilità di essere inseriti in queste playlists editoriali!

CAPITOLO 6: Come attivare playlist algoritmiche

Spotify grazie alle sue playlist algoritmiche, che crea appositamente per noi, suggerisce brani che potrebbero interessarti. Grazie al suo algoritmo automatico che raccomanda determinati brani a determinati utenti.

E' una sorta di intelligenza artificiale, grazie alla quale ogni artista può riuscire ad ottenere supporti direttamente da Spotify stesso.

Più un tuo brano verrà ascoltato e inserito nelle varie playlists sia private che editoriali più si avrà la possibilità di essere consigliato da Spotify.

Alcune playlist algoritmiche per esempio sono le "Release Radar" oppure la "Discovery Weekly" create appositamente per te.

Le playlist algoritmiche vanno prima di tutto sbloccate, Spotify si deve accorgere di voi e della vostra musica.

Esistono infatti una serie di procedure per far si che Spotify si accorga della vostra musica e la promuova per te.

La promozione migliore che esiste è proprio quella di finire nelle playlist algoritmiche.

Le playlist algoritmiche vengono aggiornate ogni venerdì, che solitamente è il giorno in cui escono i nuovi brani.

Ma come fa Spotify ad accorgersi di noi?

Dipende molto dalle performance della traccia.

L'obiettivo è quello di farsi inserire in più playlist possibili sia Indipendenti, collaborative e editoriali e di conseguenza si dopo si verrà inseriti anche in quelle algoritmiche.

E' fondamentale conoscere il funzionamento di Spotify, bisogna entrare in tante altre playlist per poi attivare le playlist algoritmiche.

Entrando nelle playlist algoritmiche riuscirai ad entrare nelle playlists di migliaia e migliaia di utenti che ascoltano la musica simile alla tua.

Questa è la migliore promozione per te, è gratis e la fa direttamente Spotify per te!

CAPITOLO 7: Come creare la tua playlist e farla crescere

Un altro modo per sfruttare le playlists per fare aumentare gli ascolti e i followers è proprio quello di creare delle proprie playlists con migliaia di followers in modo da poter inserire anche i propri brani all'interno.

E' possibile farle crescere tramite i social, crearne tante altre e poi ricorrere anche allo scambio di supporti con altri artisti che hanno playlist con lo stesso numero di followers oppure facendo trade con i curators sfruttando i gruppi facebook e le community sui social.

Per creare playlist con migliaia di followers puoi creare un account social diverso dal tuo, specifico per le playlist Spotify in modo da non farlo risultare riconducibile all'artista per distaccarti completamente dalla pagina artistica del proprio progetto musicale.

Cerca di inserire nelle vostre playlist altri artisti emergenti, invitandoli a condividere la vostra playlist sui socials evidenziando il supporto ricevuto, in questo modo aumenteranno i followers e gli ascoltatori della playlist.

Cerca di inserire più brani possibili in modo da avere una grande diffusione ma cerca comunque di fare sempre una selezione e prediligere musica di alta qualità.

Tenete a mente che state creando una playlist per ascoltatori che nel lungo periodo resteranno fedeli a voi.

Cerca di capire subito il pubblico al quale rivolgerti, più specifica è la playlist meglio è.

Successivamente per farla crescere è opportuno condividere la playlist un po ovunque sulle varie piattaforme online in modo da farla crescere rapidamente.

Scegliete vari gruppi Facebook con molti iscritti e chiedete scambi di supporti.

Basta semplicemente richiedere l'accesso a questi gruppi e pubblicare le vostre playlist li.

L'ultimo modo per far crescere velocemente una playlist è utilizzare i download gate.

Utilizzare la strategia dei FREE DOWNLOAD è sempre un ottimo modo per aumentare la propria fanbase.

Potresti caricare qualche tuo brano in versione download gratuito su SoundCloud e ogni singola volta che un utente scaricherà il tuo brano automaticamente sarà costretto a seguire i canali o le playlist che decidi di inserire nel gate.

Potresti portare i tuoi ascoltatori a seguire anche i tuoi profili social in cambio del download gratuito della tua canzone.

Un download gate che ti consiglio di utilizzare è www.followeb.de grazie al quale hai la possibilità di inserire profili, canali e playlist illimitate.

In questo modo un singolo utente può seguirti automaticamente su tutti i tuoi social network e tutte le tue playlist scaricando semplicemente una tua traccia pubblicata in download gratuito su SoundCloud.

Questa è una delle migliori strategie che ci ha portato a raggiungere migliaia di fans e ad estendere il nostro network musicale sia su SoundCloud che su Spotify.

Adesso che hai appreso tutte queste informazioni non ti resta altro da fare che agire! Mettiti in gioco, pubblica nuova musica e sfrutta al meglio tutto questo che hai imparato per crescere su Spotify e portare i tuoi brani e la tua attività artistica ad un livello superiore!

CAPITOLO 8: 14 modi per promuovere la tua musica e far crescere la tua base di fan

1) Prenditi cura della qualità della tua musica

Non è sufficiente promuovere bene una nuova canzone pagando tanti soldi per farla raggiungere la vetta delle classifiche mondiali.

Da un lato è vero, ma una componente molto importante che gli artisti oggi tralasciano è la qualità dei suoni delle canzoni.

Una canzone ben fatta, con una buona qualità del suono, un buon mix / mastering e suoni ben tenuti avrà sicuramente maggiori possibilità di essere condivisa e diffusa sul web.

Quindi la prima cosa che ti porterà ad avere più visualizzazioni è sicuramente la qualità del tuo brano musicale.

Si prende cura del mix, del mastering, dei dettagli e dei suoni.

Se crei il tuo stile unico, i fan si affezioneranno a te e ti seguiranno per ciò che crei e aumenteranno nel tempo.

2) Crea un piano di marketing

Avere una strategia è molto importante.

Prima di pubblicare la tua canzone, organizza il tuo piano di promozione.

Identifica le varie fasi e fai le cose passo dopo passo.

Identifica il pubblico che desideri raggiungere e inizia a pianificare la tua promozione.

3) Usa i social media

I social media NON sono una piattaforma di marketing semplice.

È davvero un catalizzatore per la conversazione e il marketing del passaparola.

Circa l'80% dei tuoi post dovrebbe essere divertente, colloquiale e interessante, lasciando circa il 20% per il materiale promozionale.

Probabilmente se non utilizzi social media come Facebook, Instagram e Twitter probabilmente non esisti come artista.

Condividi contenuti quotidianamente e allaccia relazioni con i tuoi fan, saranno coinvolti in quello che fai e ascolteranno sicuramente la tua musica.

Ad esempio, se sei in tour, scatta foto nei luoghi o condividi brevi video o foto del pubblico.

Queste cose non sono ovviamente promozionali, ma fanno comunque sapere ai fan cosa sta succedendo.

È importante ricordare, tuttavia, che i social media non sono la fine di tutto quando si tratta di promuovere la tua musica.

Può facilmente diventare un'enorme perdita di tempo che ti porta via dalla tua musica se non gestisci il tuo tempo correttamente.

4) Crea un fantastico kit per la stampa elettronica.

Un press kit elettronico, o EPK, è essenzialmente un curriculum per la tua band. Dovrebbe includere la tua biografia aggiornata, musica, foto, video, date del tour, copertura stampa, collegamenti e informazioni di contatto. Questa è una grande risorsa da avere a portata di mano mentre prenoti spettacoli, dimostrazioni in negozio o anche quando vuoi semplicemente entrare in contatto con altri nel settore della musica.

Un EPK è facile da creare e potresti averne uno gratuito su Drooble.com.

In mezzo, Drooble.com ti aiuterà anche a iniziare bene il tuo viaggio musicale dandoti l'opportunità di entrare in contatto con altri musicisti, mostrare la tua musica e parlare della tua attrezzatura.

Un'altra opzione EPK è Sonicbids. Puoi iscriverti a Sonicbids come musicista e inserire tutti i dettagli dal tuo EPK lì. Questo ti darà una discreta presenza online e ti aiuterà in una fase successiva, quando inizierai a promuovere la tua musica online.

5) Crea il tuo elenco di contatti

Più contatti hai, più la tua musica verrà ascoltata.

Inizia a raccogliere contatti da blog, radio, community, canali YouTube, influencer per inviare la tua musica.

Ordina tutti i file Excel, Word o PDF dei contatti.

Quando la tua musica viene rilasciata, puoi inviarla direttamente a tutti i contatti richiedendo i media.

Questa è un'eccellente strategia di autopromozione.

6) Invia la tua musica a blog, radio, playlist e stampa

Non si può evitare il fatto che la musica del pitch sia una delle parti meno divertenti dell'essere un musicista orientato alla carriera. Prenditi il tempo per scrivere una biografia dell'artista e un comunicato stampa coinvolgenti e chiedi a qualcuno di cui ti fidi di dare un'occhiata.

Cerca le informazioni di contatto dei membri della stampa che scrivono specificamente sul tuo stile di musica, quindi invia e-mail dopo e-mail finché non ricevi risposte. All'inizio potrebbe essere sconvolgente, ma è necessario al 100% coinvolgere nuovi ascoltatori e creare slancio attorno alla tua musica da fonti esterne.

Piuttosto che mirare a comparire in pubblicazioni e playlist di massa, inizia in piccolo e inizia da lì. Questo è un modo gestibile e gratificante per affrontare il compito gigantesco di presentare la musica davanti a te.

Potresti non pensare che essere presenti su piccoli blog e playlist sia così importante, ma in realtà lo è. Lo slancio non appare solo dal nulla. Inizia con un paio di persone alla volta che diventano fedeli sostenitori della tua musica prima di diventare qualcosa di più sostanziale.

7) Crea un sito web

Questo è praticamente un gioco da ragazzi.

Avere un sito web, anche se hai solo una quantità limitata di informazioni o musica da aggiungere, è fondamentale per la tua strategia di promozione online.

Vuoi indirizzare le persone al tuo sito web.

8) Carica un video musicale su YouTube

Un video ufficiale ben fatto coinvolgerà sicuramente di più i fan.

Di solito le canzoni che hanno più successo sono quelle che hanno un video ufficiale ben fatto.

Le persone saranno incuriosite e andranno a vederlo.

Fidati di un buon videomaker, crea la storia attorno ad esso e condividila sui social network e potresti anche utilizzare gli annunci di Google per promuoverlo.

Prenditi cura della descrizione del video e inserisci tutti i tuoi link social, così gli ascoltatori apprezzeranno le canzoni e ti seguiranno anche sulle altre piattaforme.

9) Contatta gli influencer dei social media

Scivolare nei DM degli influencer a volte può fare molto se fatto bene.

Se vedi un influencer che promuove attivamente la musica del tuo genere e pensi che apprezzerebbe il tuo video abbastanza da condividerlo, cogli l'occasione e contattalo.

Twitter tende ad essere il luogo più semplice per ottenere supporto per un video musicale o un collegamento a una canzone grazie alla sua semplice usabilità e dà ai contenuti il potere di diventare virali più velocemente della maggior parte degli altri siti di condivisione sociale.

Come per qualsiasi altra cosa, maggiore è lo sforzo che dedichi alla pianificazione di una strategia promozionale per il tuo video musicale, maggiore è il successo e l'esposizione per cui lo stai impostando.

Ogni strategia sarà diversa, ma implementando le tattiche promozionali elencate sopra nella tua prossima strategia di rilascio di video musicali, sei sicuro di vedere risultati positivi.

10) Contatta i creatori di playlist sui servizi di streaming

Nonostante Apple Music e Spotify abbiano algoritmi eccellenti per scoprire musica simile a quella che ti piace, pochissime persone cercano attivamente nuova musica.

La possibilità di delusione è troppo grande, quindi gli ascoltatori si affidano invece ad altri metodi di scoperta.

Uno di questi è ascoltare le playlist.

Ad esempio, se sei un produttore techno e vuoi che la tua musica venga ascoltata, devi solo contattare i famosi creatori di playlist.

Invia loro un'e-mail con un po 'della tua musica e chiedi loro di aggiungere le tue canzoni alle loro playlist.

Una volta che le tue canzoni sono raggruppate con altri nomi popolari della techno (o di qualsiasi genere), le persone diventeranno ancora più interessate.

11) Interagisci

Quando qualcuno commenta i tuoi video o post sui social media, interagisci con lui. Troppi ascoltatori sono stufi dei musicisti che pensano di essere più grandi di tutti gli altri.

Sebbene le campagne, i video musicali e i lanci costino denaro, non ci vuole nemmeno un centesimo per agire in modo umano e interagire con i fan.

Sii un musicista come volevi che fossero i tuoi idoli quando eri un bambino.

I fan lo riconosceranno e diffonderanno buone parole e storie su di te. È gratuito, ma può avere effetti duraturi sulla tua base di fan ed essere redditizio a lungo termine.

12) Usa i gate di follow-to-download

Una delle strategie più importanti per aumentare i followers che abbiamo utilizzato in questi anni è proprio la pubblicazione di tanti brani in download gratuito.

Quindi in questo modo, ogni volta che qualcuno scarica gratuitamente le nostre canzoni, seguirà automaticamente i nostri canali, ad esempio su SoundCloud, Spotify o su tutti i social media.

Se ottieni molti download di conseguenza avrai molti nuovi veri fan che ti seguiranno perché apprezzano la tua musica.

Esempi di gate follow-to-download: Followeb.de, Toneden.io, Tuneboost.net, TheHusk.ca, Hypeddit.com e molti altri ...

13) Trova i tuoi 1000 veri fan

La realtà è che la maggior parte dei tuoi fan non comprerà le tue cose (a meno che tu non sia un artista di successo).

Ma questo non significa che non puoi farcela come musicista o band.

Kevin Kelly parla dell'idea che tutti gli artisti abbiano bisogno solo di 1000 "veri fan" per farlo perché ognuna di quelle persone comprerà qualsiasi cosa tu produca. Se ciascuno dei tuoi veri fan acquistasse la tua musica e il tuo merchandising per un valore di £ 100 ogni anno, avresti un fatturato annuo di £ 100.000. E oggigiorno ci sono meno intermediari necessari per vendere la tua musica online, quindi più profitti per te!

14) Paga per promozioni aggiuntive

Se vuoi raggiungere migliaia di ascoltatori e ascolti in tutto il mondo, puoi contattare un network di promozione musicale come il nostro Semantic Sounds, specializzato nella promozione su SoundCloud o ad esempio Spotify.

Ci sono anche molte altre agenzie che offrono questi tipi di servizi di crescita e promozione anche su YouTube, Apple Music, Beatport o su altre piattaforme.

Sicuramente oltre all'autopromozione che è sempre molto efficace, investire i tuoi soldi nella promozione della tua musica porterà ad un ulteriore aumento di ascolti e otterrai più risultati in poco tempo.

Se vuoi promuovere la tua musica su SoundCloud o su Spotify puoi inviarci la tua musica qui:

https://www.semanticsounds.com/promotion/

Saremo felici di prenderlo in considerazione per un'ulteriore promozione!

CONCLUSIONE

Se sei interessato a conoscere altri suggerimenti sulla promozione musicale e più risorse sull'industria musicale, segui il nostro blog: https://www.semanticsounds.com/blog/

Ci auguriamo che questa guida ti sia stata di grande aiuto.

In bocca al lupo per la tua meravigliosa avventura nel mondo della musica!

Se vuoi continuare a seguirci visita il nostro sito: https://www.semanticsounds.com/

Lightning Source UK Ltd.
Milton Keynes UK
UKHW020213080521
383350UK00003B/327